Este libro le pertenece a:

_____

Este libro está dedicado a mis hijos - Mikey, Kobe y Jojo.

Ninja Life Hacks™

La Ninja
Autodisciplinada

Por Mary Nhin

Solía tener dificultades para mantenerme disciplinada.

Tan duro como esperaba,
por mucho que deseara,
y por más que lo intenté,
no podía mantenerme en el camino.
Y no podía entender por qué.

Cuando tenía que estudiar para un examen, lo posponía.

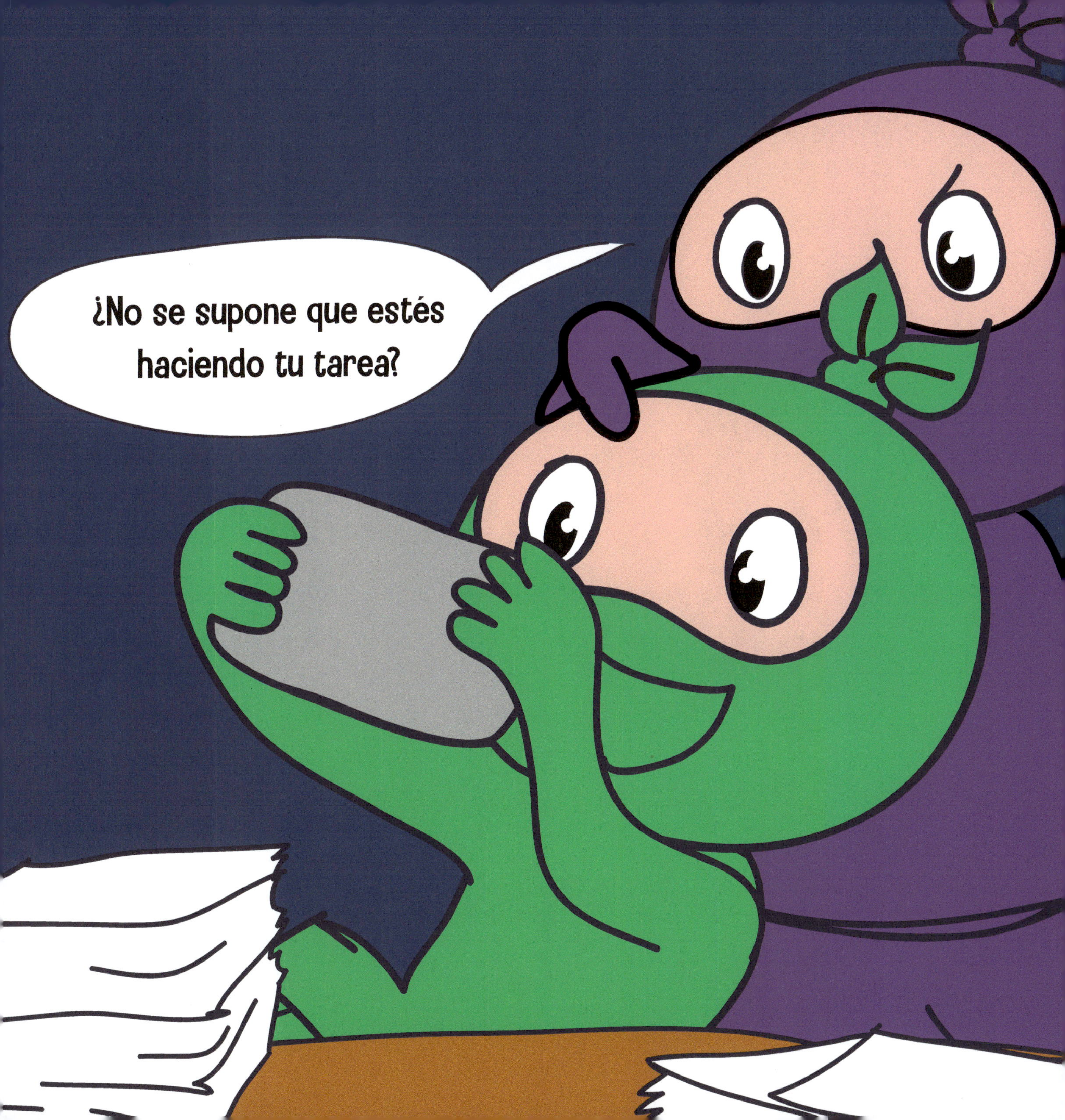
¿No se supone que estés haciendo tu tarea?

Si intentaba dejar un mal hábito, no era muy buena resistiendo la tentación.

Mientras trabajaba hacia una meta, me distraía.

¿Recuerdas? Estamos trabajando en no poner nuestros dedos en nuestras bocas.

Si X sucede, entonces haré Y.

entonces haré **y**

Aquí hay algunos ejemplos...

Estoy trabajando para acostarme temprano. Así que, si tengo la tentación de quedarme despierta y jugar videojuegos, entonces encontraré un libro interesante para leer.

Leer siempre me da sueño.

Si quiero sacar un 10 en mi clase, entonces estudiaré 30 minutos más cada noche.

Si quiero llegar a tiempo y ser puntual, **entonces** voy a ajustar mi reloj 15 minutos antes de la hora real.

Esa noche, fui a casa y escribí una declaración si, entonces.

Si

Entonces

Si tengo la tentación de morderme las uñas,

entonces silbaré en su lugar.

Al día siguiente, fui a la práctica de fútbol. Cuando las cosas se pusieron un poco tensas, tuve la tentación de morderme las uñas, pero entonces recordé lo que había escrito...

¡Funcionó!

A partir de ese día, pasé a usar las declaraciones de "si" y "entonces" con muchas cosas y pronto fui conocida como la ninja más disciplinada de la historia.

El recordar las declaraciones "si" y "entonces" podrían ser tu arma secreta para construir tu superpoder de disciplina.

Si _____,

entonces haré

_____.

¡Visita ninjalifehacks.tv para obtener imprimibles divertidos gratis!

@marynhin   @officialninjalifehacks
#NinjaLifeHacks

Mary Nhin   Ninja Life Hacks

Ninja Life Hacks

@officialninjalifehacks

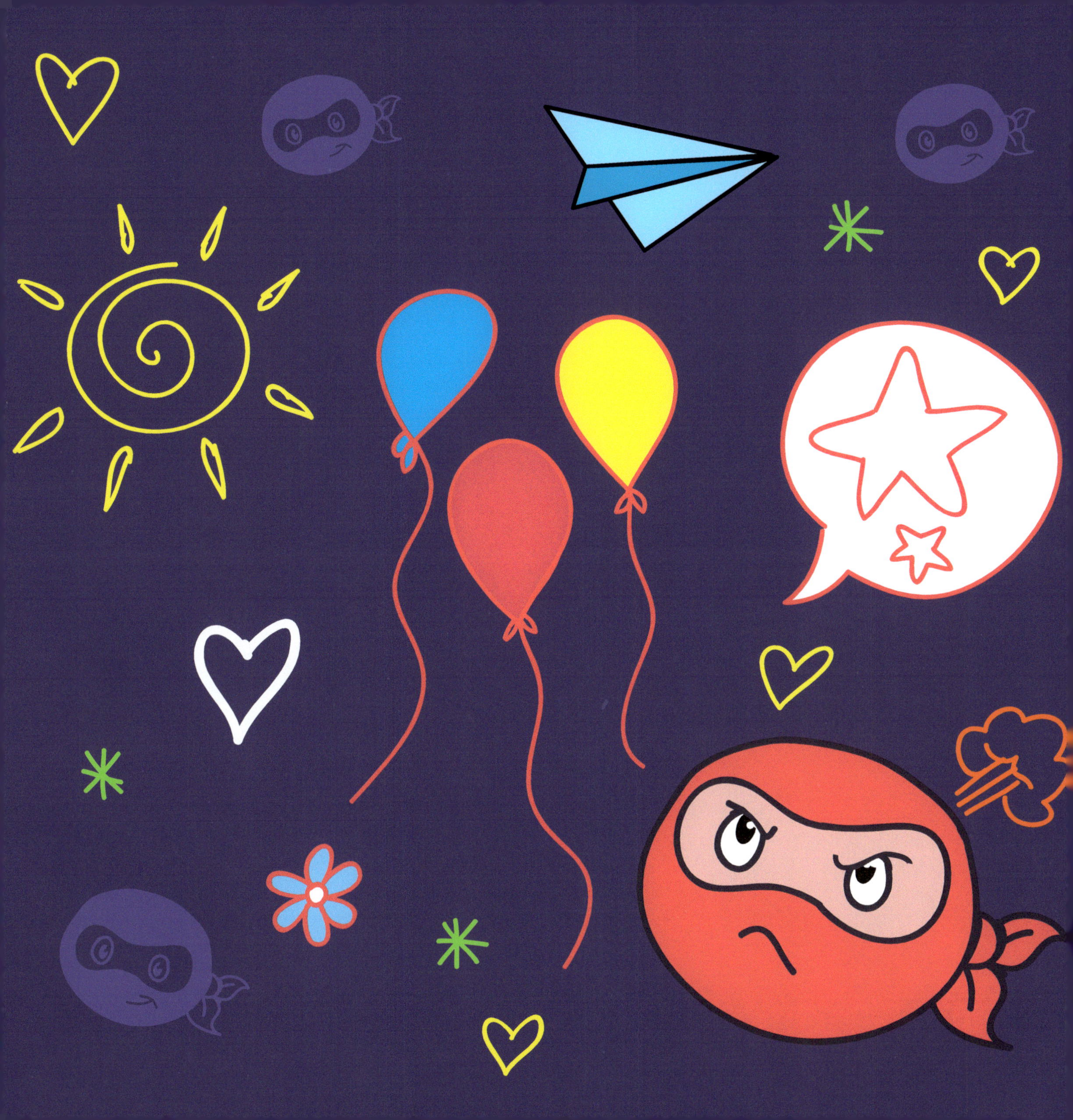

www.ingramcontent.com/pod-product-compliance
Lightning Source LLC
Chambersburg PA
CBHW042025090426
42811CB00016B/1739